THÈSE

POUR

LA LICENCE.

TOULOUSE,

TYPOGRAPHIE TROYES OUVRIERS RÉUNIS,
RUE SAINT-PANTALEON, 3.

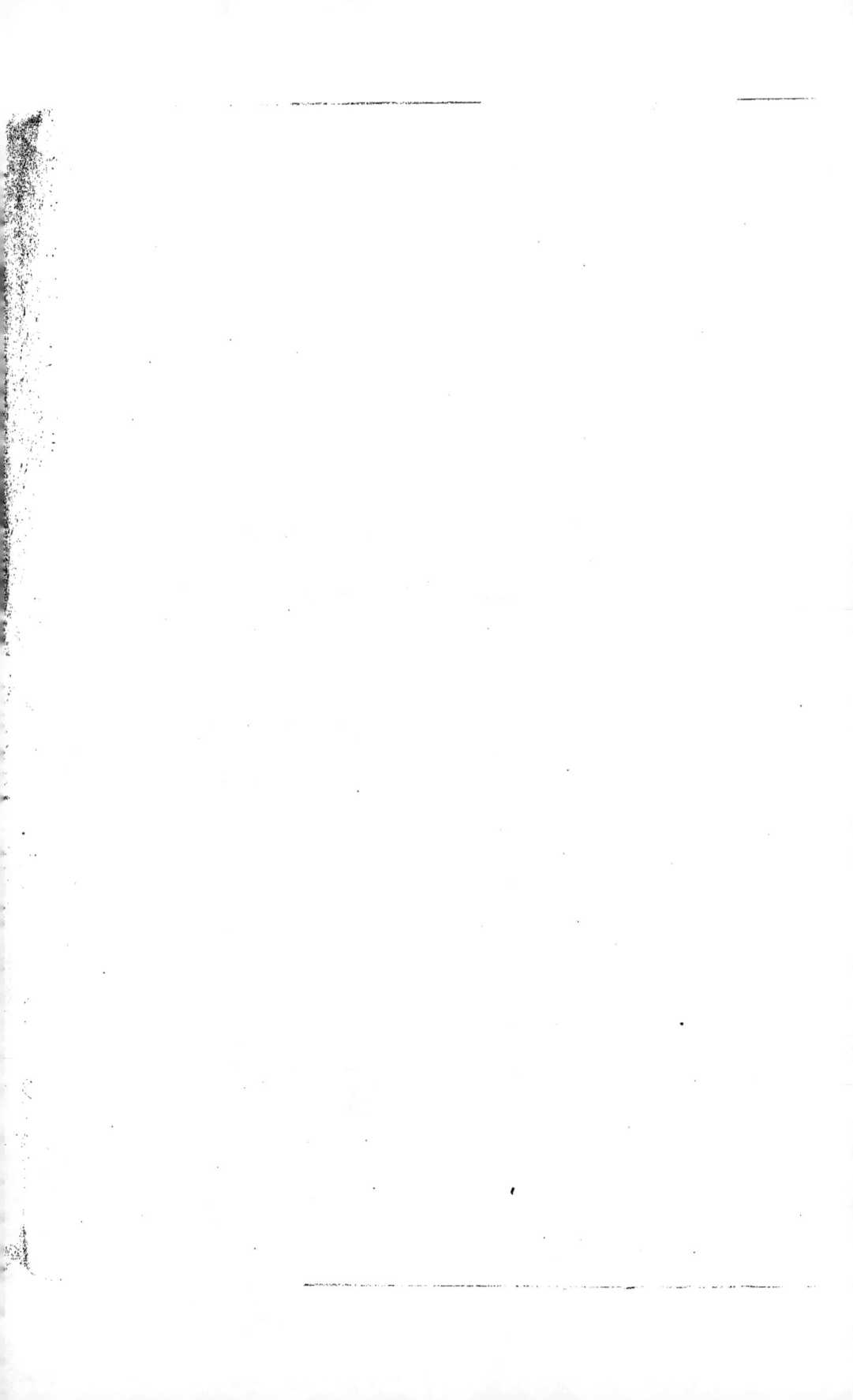

A MON GRAND-PÈRE FABRE,

A MON GRAND-PÈRE JOURDAN.

A MON ONCLE ET A MA TANTE LEYDET,

A MON ONCLE ET A MA TANTE CASSASSOLES.

FACULTÉ DE DROIT DE TOULOUSE.

ACTE PUBLIC

ᴘᴏᴜʀ

LA LICENCE

En exécution de l'Article 4 , Titre 2, de la Loi du 22 Ventôse an XII.

SOUTENU PAR

M. FABRE (Louis-Emile),

Né à Auch (Gers.)

Jus Romanum.

De Condemnatione in id quod facere potest debitor.

FF. Lib. XLII, Tit. I, L. 19, § 1, ET SEQ. Lib. L, Tit. XVII, § 173.

Inst. Just., Lib. IV, Tit. VI, §§ 37, 38, 40.

Cùm de executione judicati agitur adversùs aliquem , generaliter omnibus modis debitorem consequi permittitur. Si enim debitor rectè

1855

definitur is, à quo invito exigi pecunia potest, nemo debitor est, nisi, a quo solidum quod debet, potest exigi; sed sunt quibus humanitatis causâ hoc tributum est, ut non in solidum, sed in solum quod facere possunt, conveniantur. Hoc beneficium quod leges Romanæ non appellaverunt nomine proprio, vocatum est beneficium *competentiæ*.

His positis, inquirendum est, quibus personis tribuitur hoc beneficium; quibus conditionibus, de genere ipsius beneficii, simul quas deductiones ea res admittit et tandem quo tempore spectandum sit, an quis possit facere.

1° *Quibus personis conceditur beneficium?* — Distribuendæ sunt in sex genera personæ quæ possunt uti hoc beneficio.

A. — Sanguine conjuncti stricto vinculo; tres sunt : parens; item liberi, item parentis nostri liberi, id est fratres nostri (*Dig.* 16, 17 et 30. *De re judicatâ*).

B. — Qui per matrimonium conjuncti sunt : id est maritus, item mariti pater, id est socer uxoris ; item uxor, item uxoris pater, id est socer mariti.

Non tantùm dotis nomine maritus, in quantum facere possit condemnatur, sed ex aliis quoque contractibus ab uxore judicio conventus, ut apparet divi Pii constitutione. Idem juris erit in personâ mulieris a marito conventæ, nisi persecutio sit de rebus amotis ab uxore, quia oritur actio ex malè contractu et delicto.

Cum convenitur socer ex promissione dotis, non certum est semper obtinere beneficium de quo loquimur : etenim, ut dicit Pomponius (lege 22, *de re judicatâ*) si, manente matrimonio, dos ab eo petatur, succurrendum ei est, ut ne majoris summæ condemnetur, quantum facere potest, secùs si soluto matromonio, nàm hoc tempore dirempta fuit affinitas. Animadvertendum est tribui hoc beneficium socero, solùm cùm de promissione dotis agitur, et indè oritur quæstio an damnandus est in solidum socer mariti marito in aliis omnibus contractibus. Nobis videtur, quoniam beneficium *competentiæ* obtinet maritus de omnibus causis, idem juris fore socero. Nonne etenim parentis loco est socer mariti?

Si strictâ interpretatione, admittitur regula suprà dicta condemnandum esse socerum in solidum soluto matrimonio et solum in quantum facere potest, cum de contractibus constante matrimonio agitur, statuendum esset in solidum condemnandum esse socerum cum ante nuptias dos promissa fuit et post solutum matrimonium petitur; sed placuit non ità se rem habere, quia dotis ante nuptias promissio, in se habens conditionem nuptiarum, intelligitur facta constante matrimonio; et placuit socerum uti posse beneficio, nisi in eâ promittendâ dolo malo sit versatus.

C. — Hi qui sine conjunctione sanguinis aut matrimonii imitantur illam: id est socii, qui, ut dicit Ulpianus, fratres videntur. Et hoc beneficio utuntur omnes socii, sive sint omnium bonorum, sive unius rei.

D. — Hi qui de nobis benè meriti sunt, et beneficium competentiæ obtinent quasi præmium, tales sunt patronus, patronave, item liberi eorum, parentes, item qui ex donatione suâ convenitur. Sed hoc beneficio gaudet donator adversus eum duntaxat quem donavit; ità ut si te donaturum mihi delegavero creditori meo, conveniendus eris in solidum. Idem juris erit, id est damnabitur in solidum donator, cùm is cui donavit convenit non actione in personam, sed actione in rem (D. I. 41, § 1, *de re judicatâ*).

E. — Hi qui meriti sunt benè de republica : id est milites qui sub armatâ militiâ stipendia meruerunt. (Dig. L. 6 h. t.)

F. — Pietatis, humanitatis causâ, hi qui sua bona amiserunt non malo more. Tales sunt qui bonis cesserunt, item filius emancipatus, item exhæredatus, si modo de eo conveniantur, quod cum his contractum est, cum essent in alienâ potestate. (Dig. lib. 14. t. 5, L. 2, pr.)

Hoc beneficium competentiæ nunquam hæredibus transit, nec fidejussoribus adhibitis illis quibus tribuitur beneficium. Sed quid de defensore illarum personarum? Discernendum est, an fit condemnatio vivis illis, aut mortuis; primo casu, manet beneficium, secus, secundo casu.

2° *Quibus conditionibus tribuitur beneficium*. Cadit hoc beneficio is qui mentitus est, cum conventus fuerit, de sua conditione propter quam hoc beneficium consequebatur, verbi gratiâ, si filiusfamilias se dicit patremfamilias, ut facilius induceret ad secum esse contrahendum.

Ad semper obtinendum beneficium, oportet nil fecisse condemnatum ut minus facere possit, exempli causa ut bona sua venirent.

3o *De indole et vi hujus beneficii.*

Priusquàm de hujus effectibus loquamur, dicendum est de ejus formâ. Cùm vigebant formulæ, sic manifestabatur : Aulo Agerio Numerium Negidium duntaxat, in id quod facere potest, condemna. Opponitur actioni judicati vel inceptæ ; sed si debitor cui competit, solvit pecu-niam non oppositâ exceptione beneficii, nullam repetitionem habebit. Tamen si omissâ hâc defensione, vel oppositâ quidem, sed à judice con-temptâ, reus in solidum sit condemnatus, placet nihilominùs eum cùm actione judicati convenietur, doli exceptione uti posse.

Animadvertendum est hanc exceptionem sæpiùs dilatoriam esse et temporalem, non peremptoriam, et perpetuam, quoniam si rei facul-tates augentur postea, in solidum conveniri poterit.

4° *Quas deductiones subit condemnatio in id quod facere possunt debitores.*

Si strictè concipiebatur illa vox : *facere posse,* spoliandus esset reus omnibus facultatibus ; sed usu et ratione civili, posse dicitur solùm qui, cùm egit, vivere poterit honestè et salvâ dignitate. Indè statu-tum fuit ut in condemnatione earum personarum, quæ in id quod facere possunt, condemnantur, ipsarum rationem habendam esse, ne egeant, id est, tantum deducendum esse, quantum condemnato sufficiat ad'vitam et alimenta.

Sane dissensum fuit inter auctores, an in condemnatione earum per-sonarum, quæ in id quod facere possunt condemnantur, semper dedu-cenda sit facultas vitæ ad se alendum. Qui putabant hanc deductionem certis personis tantum concedi, putâ, donatori, patrono aut parenti, utebantur lege 30 D. *de re judicatâ,* quæ relinquit quod sufficiens est ipsi donatori et statuit illud observandum esse maximè inter parentes et liberos. Sed hæc sententia majori parti interpretum merito displacuit ;

nàm, dùm in prædicta hâc lege enumerationem non conficere voluit Pomponius, generalis definitio continetur lege 173 D. *De regulis juris*, quæ sine distinctione affirmatur condemnatione personarum quæ damnantur in id quod facere possunt, non extorquendum esse ut egent. Nùm etenim, cùm certum est eum qui bonis cessit obtinere hoc beneficium (L. 6 D. *de cessione bonorum*), rationabile esset illo non uti fratres, socios, maritos, uxores quibus anteponendus esset extraneus ? Et, nonne oportet distinguendos esse debitores quibus solidum et alios quibus solum quantum facere possunt petitur. Et nulla distinctio erit si non facultas alendi relinquitur his quibus lex favere voluit, nam aliis, nisi in carcere conjecti sint, nihil durius evenerit. Imò qui in carcere conjicientur minus infelices essent, nam creditore alendi sunt, dùm aliorum nullus curam haberet. Si tamen generaliter tribuendum est beneficium facultates servandi ad se alendum omnibus personis de quibus loquimur, certo sensu definiendum est ; et reliquendum est solum quod sufficit salvæ vitæ et dignitati, ut non cogamur mori, aut mendicare, aut turpe aliquod lucrum sectari.

Cum dicitur damnandum esse reum in id quod facere potest, quæsitum est an ita æstimandæ sunt facultates, ut ante omnia facienda deducatur æs alienum ? Et certè verbi solâ significatione videretur hanc deductionem adhibendam esse, nam si de bonis alicujus loquitur et de eo quod bona possunt, bona non intelliguntur, nisi deducto ære alieno. Tamen sæpe aliter se res habet, nam lege 19, *de re judicatâ;* dicitur inter eos, quibus ex cadèm causa debetur, occupantis meliorem conditionem esse, et nec deducendum est quod debetur.

Quæsitum est, quibus ex bonis deducere possit reus, quod ad alimenta sufficiat, ex suisne an ex alienis; quod maximè propter maritum quæsitum est, a quo res dotales repetuntur. Sunt qui putant deduci posse victum ex rebus alienis; sed hanc sententiam non probat Cicero his verbis quibus declarat, maximè officio abesse, ut nihil magis officio possit esse contrarium, alteri adimi quod reo tribuitur.

5e *Quo tempore æstimandum est quod facere potest debitor.* — Non hoc quærendum est cùm omnibus temporibus judicii eædem manserunt rei facultates, sed quid evenit, cùm pro tempore variè mutantur facultates et solvendo nunc fit qui antè non fuerat, aut qui fuerat ab initio, is posteà solvendo esse desinat.

Jus constitutum est, quatenùs reus facere possit, tempus judicati spectandum esse. Undè intelligitur, si tempore rei judicatæ, solidum facere potest reus, in solidum damnabitur, quamvis quo tempore judicium acceptum est, non fuerit solvendo aut cùm de judicato agitur, nàm nullâ parte obligationis in judicio inclusæ liberabitur. Tamen, in executione judicati humanitate consulendum est ne egeat judicatus. Ex contrario, si tempore rei judicandæ reus solvendo non est, catenùs solùm damnandus est quatenùs tùm potest facere, etiamsi tempore litis contestatæ solidum facere potuerit, aut cùm de judicato agitur, nàm non potest actione judicati peti quod sententiâ judicis non sit comprehensum. Sed, non prohibetur, auctis rei facultatibus, novâ interpellatione et novo judicio persequi quod deest.

Code Napoléon.

Du Contrat de Mariage.

CHAPITRE PREMIER.

Dispositions générales (Art. 1387 à 1398). — **Comparaison du régime dotal à celui de la communauté.**

Il n'est pas essentiel de rédiger un contrat de mariage, quand on se marie ; les conjoints peuvent se dispenser de régler leur avenir pécuniaire et le sort de leur fortune, et alors la loi, toujours vigilante, en l'absence des stipulations des époux, règle leurs intérêts, en admettant, comme présomption, qu'ils doivent être considérés comme mariés sous le régime de la communauté.

Mais, quand les personnes qui s'unissent pour porter ensemble le poids des douleurs et les joies de la vie, veulent eux-mêmes se préoccuper du réglement de leurs intérêts, se gratifier mutuellement, insérer dans un acte particulier quelques-unes des conditions qui doivent régir leur vie extérieure, il importe de rechercher comment se rédige un pareil acte, quelles sont les clauses qui peuvent y être insérées, en même temps que l'on s'occupe de la capacité de ceux qui peuvent se livrer à la confection d'un contrat de mariage.

CHAPITRE PREMIER.

Dispositions générales relatives au contrat de mariage.

SECTION PREMIÈRE.

Quelle est la capacité nécessaire pour le contrat de mariage.

(1398.) — Comme il n'y a pas de minorité pour le mariage, il n'y en a pas non plus, disait le tribun Siméon, pour les conventions qui n'en sont que l'accessoire. Il serait étrange que celui qui dispose de sa personne ne pût pas, dans cette occasion, disposer de ses biens. L'autorisation des parents, du tuteur qui consacre son engagement, suffit à plus forte raison pour en affermir les pactes et en exclure tous regrets et toute restitution.

Dans l'ancienne jurisprudence, l'admission de ces idées avait, cependant, subi un certain tempérament, et, généralement, les coutumes restreignaient pour le mineur la faculté de faire des conventions matrimoniales, quand elles renfermaient des donations. Mais toute difficulté a maintenant disparu, surtout quand l'on se reporte aux dispositions de l'art. 1309, qui ne permet, au mineur, d'être restitué contre aucune des conventions portées en son contrat de mariage.

Il existe, cependant, une exception au principe que nous venons de formuler et qui se traduit par la maxime : *Habilis ad nuptias, habilis ad nuptialia instrumenta* ; elle est contenue dans l'art. 2140, et elle consiste en ce qu'il n'est pas permis à la femme mineure, non-seulement de renoncer à son hypothèque légale contre les biens de son mari, mais encore de consentir à la restriction de cette hypothèque. La loi n'a pas voulu, en effet, que la femme abandonnât sa fortune sans aucune garantie, et l'on ne peut pas critiquer sa disposition sur ce point; mais l'on peut s'étonner que la loi n'ait pas permis la restriction de l'hypothèque, lorsqu'elle a cependant permis à la femme mineure de faire une donation.

L'on s'est posé quelquefois la question de savoir si la fille mineure qui se marie est habile à stipuler dans son contrat de mariage : que sa dot sera aliénable. Nous croyons , avec la jurisprudence , et avec les vrais principes, que la combinaison des art. 1398 et 1557, doit amener à l'adoption de l'affirmative. Pourquoi , en effet, voudrait-on restreindre d'une façon aussi étroite l'application de la convention permise par l'article 1557 , au cas où il s'agit de conjoints majeurs ?

Il faut bien remarquer que l'art. 1398 exige la présence des personnes dont le consentement est nécessaire pour la validité du mariage du mineur et non pas celle du tuteur , qui pourra dès-lors se voir privé et être mis à l'écart par l'ascendant qui, bien que n'exerçant pas la tutelle, a cependant le privilége du consentement au mariage. Ainsi quand un mineur est privé de son père et qu'il n'a plus que sa mère remariée et destituée de la tutelle , le consentement de sa mère n'en suffira pas moins pour la validité du contrat de mariage , puisqu'il suffit pour la validité du mariage lui-même.

Il est bien évident que, sans faire aucune distinction , lorsque le contrat du mineur ne sera pas valable , il sera censé marié sous le régime de la communauté légale ; mais l'on peut se demander dans quel délai le mineur pourra agir et quelles fins de non-recevoir pourront s'élever contre sa demande en nullité. Il nous semble que si le mariage est valable et que si le contrat est seul atteint de nullité , la nullité ne pourra être demandée que pendant le délai de dix ans, et que ce délai ne pourra même commencer à courir qu'à partir de la dissolution du mariage ; soit si la nullité vient du côté de la femme , parce qu'elle est , pendant tout le temps du mariage , sous l'empire d'une crainte légale ; soit quand la nullité vient du côté du mari , parce que la prescription ne court pas entre époux. Par la même raison , il ne sera pas permis aux époux de ratifier pendant leur mariage le contrat nul pour cause de minorité et passé en l'absence des personnes qui auraient dû donner leur consentement.

2

Mais que faut-il décider relativement à l'interdit? Evidemment, si l'on permet à l'interdit de se marier dans les intervalles lucides, on devra lui permettre aussi de faire un contrat de mariage. Mais *quid* du cas où il n'aurait pas été interdit et où l'époux était, au moment du mariage, dans un état de folie incompatible avec un véritable consentement? Il nous semble que cet époux pourrait profiter du premier retour de sa raison pour demander la nullité de son contrat. Nous n'accorderons pas cependant le droit de demander cette nullité aux simples collatéraux. Il nous parait certain, en effet, que l'art. 184 défend aux collatéraux d'intenter une action pour faire tomber le mariage, et qu'il doit en être de même pour les conventions matrimoniales ; et cette opinion prend plus de vraisemblance quand on pense que les collatéraux ne pourraient songer à attaquer le mariage qu'au point de vue de leurs intérêts pécuniaires, lésés par le contrat de mariage, et que s'ils ne peuvent pas faire tomber l'union conjugale elle-même, ils ne peuvent pas en faire tomber le réglement extérieur.

Il est incontestable que le prodigue peut se marier ; il pourra donc aussi faire des conventions matrimoniales ; mais faut-il qu'il soit assisté de son conseil judiciaire? Quoique l'opinion affirmative puisse être soutenue par de bonnes raisons et surtout par les dispositions de l'art. 513, qui règlent la mesure de capacité du prodigue, il nous parait convenable de permettre au prodigue de rédiger les conventions matrimoniales tout seul et en l'absence du conseil judiciaire, dont la présence n'est pas nécessaire pour son mariage.

SECTION II.

Conditions intrinsèques de la validité du contrat de mariage.

§ 1er. — *Conventions permises.*

(1391). Le Code ayant formulé plusieurs séries distinctes de règles que les époux peuvent, à leur choix, accepter pour la direction de leurs intérêts pécuniaires, et chacune de ces séries ayant pris le nom de régime, il est permis aux époux de prendre tel ou tel de ces régimes comme base de leur contrat de mariage.

La loi semble ne reconnaître au premier abord que deux régimes : le régime de la communauté et le régime dotal; mais en réalité il faut y ajouter aussi les régimes sans communauté et de séparation de biens, qui, quoique considérés par la loi comme des modifications au régime de la communauté légale, n'en méritent pas moins une mention spéciale.

Disons un mot de chacun de ces régimes pour en faire apprécier les différences les plus saillantes, surtout relativement au pouvoir qui est accordé au mari dans chacun d'eux. Sous le régime de la communauté, aucune espèce de biens des époux n'est mise en dehors du commerce, et le mari peut être considéré comme le propriétaire des biens que les époux ont mis en commun. Sous le régime dotal, le bien apporté par la femme au mari sera soumis à un régime exceptionnel, il sera inaliénable et imprescriptible et le mari en est usufruitier.

Sous le régime sans communauté, le mari n'est aussi qu'usufruitier des biens de la femme constitués en dot, mais ces biens ne seront point inaliénables. Sous le régime de la séparation de biens, le mot l'indique lui-même, il n'y a aucune communication de biens entre les époux; chacun demeure propriétaire et usufruitier de sa propriété.

Par ce simple aperçu l'on peut déjà se convaincre que le régime dotal, régime d'immobilité et de contrainte, qui place une espèce de biens hors du commerce, est trop contraire au droit commun, à la nature des choses et à la liberté des personnes capables, pour qu'il puisse être facilement admis. Aussi, d'après les termes de l'art. 1392, la simple stipulation que la femme se constitue ou qu'il lui est constitué des biens en dot, ne suffit pas pour soumettre ses biens au régime dotal, s'il n'y a dans le contrat de mariage une déclaration expresse à cet égard.

Il n'est pas nécessaire cependant que la soumission au régime dotal et la constitution de dot résultent de termes sacramentels. Il suffit qu'il y ait une expression claire et positive des vœux des parties d'adopter ce régime ; mais peu importe le moyen par lequel cette expression arrive à la conscience du juge.

On comprend très-bien que le mot de dot n'indique pas suffisamment comme conséquence la création du régime dotal ; car c'est un mot générique qui s'applique aussi-bien au régime de la communauté, comme le prouvent les expressions employées par les Commentateurs des Coutumes d'outre-Loire. On raisonnera de même en présence de la clause par laquelle les époux déclareraient se marier sans communauté ou séparés de biens, car, quoique le régime dotal soit fondé sur une idée de séparation, cependant ce n'est pas une séparation simple, il exige des combinaisons particulières.

Mais *quid* du cas où la femme, après avoir déclaré se marier sous le régime de la communauté, réduite aux acquêts, se constitue en dot ses biens avec autorisation donnée à son mari de les aliéner, à charge de remploi ? Cette dernière stipulation ne suffira pas pour constituer le régime dotal, car l'obligation du remploi existe aussi dans le régime de la communauté. Mais il nous semble que si l'on peut douter encore de l'adoption du régime dotal lorsque la femme déclare que tous ses biens sont dotaux, le doute ne sera plus permis, lorsque la femme aura déclaré que tels biens seront dotaux et tels autres paraphernaux. C'est qu'en effet les art. 1574 et suivants, qui traitent des paraphernaux, se lient essentiellement au régime dotal, et que sous aucun autre régime le mot de *paraphernaux* n'est prononcé, parce que la chose du reste n'existe pas. Il nous paraît aussi qu'il faudra adopter la même solution sans la moindre difficulté, quand la femme se sera constitué quelques biens comme inaliénables, car l'inaliénabilité est incompatible avec toute autre espèce de régime.

Rien ne s'opposerait cependant à ce que le contrat de mariage combinât une société d'acquêts avec le régime dotal.

Les époux peuvent n'accepter aucun des quatre régimes indiqués par le Code. Il leur est permis de les combiner et de transporter de l'un dans l'autre les règles qui leur conviennent et dont ils peuvent faire un ensemble à leur convenance particulière. Ils jouissent à cet égard d'une liberté absolue.

Il peuvent rédiger leur contrat en quelques mots ou en quelques lignes, reproduire les dispositions énoncées dans le Code, ou s'y reporter d'une façon générale.

Il leur est même permis de réaliser, à l'occasion de leur contrat de mariage, des conventions qui ne seraient pas permises dans toute autre hypothèse. Ainsi ils pourront stipuler une société générale des biens à venir, tandis que cette société ne serait pas permise à d'autres qu'à des époux (1837-1526). Les donations de biens à venir, les donations faites à des conditions potestatives de la part du donateur, sont prohibées dans les cas ordinaires; elles sont permises au contraire dans les contrats de mariage. (943—46—47).

§ 2. — *Conventions prohibées.*

Le contrat de mariage doit pouvoir se prêter aux combinaisons les plus variées, car il embrasse le présent et tout un avenir incertain. Il peut renfermer des donations, des conventions de communauté et de société, des mandats, des pactes, des séparations, des pactes aléatoires, des contrats de bienfaisance et des contrats intéressés. Mais aussi son importance fait circonscrire par le législateur le terrain sur lequel peuvent s'étendre ses dispositions (1387-88).

1o **Prohibitions faites dans l'intérêt des bonnes mœurs.** — Un contrat de mariage contenant un pacte portant que les époux vivront séparés et qu'il n'y aura entr'eux aucune cohabitation, resterait sans valeur, comme contraire aux bonnes mœurs et à l'essence du mariage.

Mais il ne faudrait pas mettre sans raison les bonnes mœurs en cause et condamner comme immorales des conventions qui ne sont que l'usage d'une légitime liberté. Ainsi, nous ne regarderions pas comme immorale une donation faite par l'un des époux à l'autre, à condition qu'il ne se remariera pas. Le législateur avait adopté une opinion contraire dans les lois des 5 brumaire et 17 nivôse an II ; mais ces lois sont incontestablement abrogées.

2º *Prohibitions faites dans l'intérêt de la puissance maritale ou de la puissance paternelle.* — L'on doit considérer comme contraire à l'ordre public la convention par laquelle le mari ne pourrait point contracter sans une autorisation étrangère. Il en serait de même si la femme se réservait le droit de s'obliger ou d'aliéner sans autorisation. Non-seulement le mari ne peut pas renoncer à sa puissance expressément, mais il ne le peut pas non plus par des actes détournés. Ainsi serait nulle une procuration générale donnée à la femme pour tous les actes dans lesquels elle pourrait avoir à figurer.

Mais il serait permis à une femme de stipuler qu'elle ne suivra pas son mari en pays étranger, s'il devait s'y établir pour se faire dénationaliser.

Le père non plus ne peut pas subir de diminution de sa puissance. Ainsi aucune convention ne pourra lui enlever son droit de correction sur la personne de ses enfants, son droit de jouissance sur les biens, le droit de consentir à leur mariage ou de les émanciper.

3º *Prohibitions relatives à l'autorité du mari comme chef.* — Le législateur, en se servant de cette expression, a voulu faire allusion à la puissance du mari, non plus sur les personnes, mais sur les biens.

Ainsi on ne tolérerait pas une clause qui rendrait la femme chef de la communauté ; on pourrait même condamner la stipulation particulière qui consentirait à ne permettre au mari l'aliénation des biens de la communauté qu'avec le consentement de sa femme ; mais nous ne verrions aucun inconvénient à permettre que la femme pût se réserver la jouissance exclusive d'une portion de ces revenus pour ses besoins personnels. Le mari, en effet, n'a droit aux fruits des propres de sa femme que pour soutenir les charges du mariage, et non pas seulement parce qu'il est chef de la communauté, puisque dans les cas où il n'y a pas de communauté il a également droit à la jouissance des propres de sa femme.

Cependant nous n'adopterions pas cette opinion en présence du régime dotal, surtout si la femme voulait se réserver tous ses revenus dotaux.

Le mari, en effet, doit être chef de la dot comme il l'est de la communauté. C'est là l'essence même du régime dotal.

4° *Prohibitions relatives aux dispositions prohibitives du Code.* — L'on peut citer parmi ces dispositions celle de l'art. 1395, qui ne permet pas de modifier les conventions matrimoniales pendant le mariage, celle de l'art. 1453, d'après lequel la femme ne peut pas renoncer au droit qu'elle a de renoncer à la communauté. Nous déciderons aussi que la femme ne pourrait pas, par son contrat de mariage, s'interdire la possibilité de n'être tenue des dettes que jusqu'à concurrence de son émolument. Nous irions même jusqu'à décider qu'il faudrait considérer comme inefficace la clause par laquelle, mariée sous le régime de la communauté, la femme déclarerait qu'elle ne pourra ni ne voudra ni hypothéquer ses propres, même avec l'autorisation de son mari.

5° *Prohibitions relatives à l'ordre des successions.* — Dans l'ancienne jurisprudence, quand une fille se mariait, il était permis de lui faire stipuler dans son contrat de mariage qu'elle se contenterait de sa dot et qu'elle renoncerait à la succession future des père et mère. Quelquefois, il arrivait aussi que les époux inséraient des clauses qui modifiaient leurs droits dans la succession de leurs enfants. Ce sont ces résultats que l'art. 1389 a voulu prévenir, en déclarant qu'il ne serait pas possible de changer l'ordre des successions, d'autant mieux que le contrat de mariage est assez favorisé par les dispositions du Code Nap., relatives aux donations faites aux époux par des tiers ou par les époux entr'eux.

6° *Prohibitions relatives aux anciennes coutumes* (1390). — Les époux ne peuvent plus stipuler d'une manière générale, que leur association sera réglée par l'une des coutumes, lois ou statuts locaux qui régissaient ci-devant les diverses parties du territoire Français. Il n'est pas cependant défendu d'emprunter à une ancienne coutume des combinaisons, qui, bien que non reproduites dans le Code Napoléon, n'en sont pas moins dans le libre domaine des conventions matrimoniales ; mais alors, il faut qu'elles apparaissent comme l'œuvre de la volonté des parties, et non comme l'œuvre et le reflet de la coutume. On a même décidé qu'il y aurait nullité, non-seulement dans le contrat qui se référerait en totalité à une coutume abrogée, mais encore pour celui qui se référerait à l'ancienne coutume pour un ou deux articles.

Conditions extrinsèques de la validité du contrat de mariage.

(1394) Toutes conventions matrimoniales seront rédigées, avant le mariage, par acte devant notaire.

La loi a voulu, en effet, que chacun des époux jouit d'une indépendance parfaite, quand il rédige son contrat de mariage; et il aurait pu se faire qu'après la célébration, l'un des époux fût nécessairement dominé par l'autre; aussi faudra-t-il annuler sans difficulté un contrat qui, quoique dressé avant sa célébration, n'aurait été cependant signé qu'après. Conséquemment, aussi, il est certain que toutes conventions faites pendant le mariage, et tendant à ratifier un contrat ainsi frappé de nullité, seraient aussi nulles que le contrat lui-même. Mais il nous semble que l'action en nullité se prescrira par dix ans, à partir de la dissolution du mariage.

On pourra même décider, qu'à cette époque-là, l'époux, ayant reconquis sa liberté, pourrait transiger avec les héritiers de l'époux prédécédé.

Puisque le contrat de mariage ne peut pas être rédigé après sa célébration, il était tout naturel de décider que le contrat de mariage ne pourrait pas recevoir de modifications *constante matrimonio* (1395).

Il y a, du reste, encore à cette disposition une autre raison : c'est qu'il ne faut pas que les tiers, qui ont pu contracter avec les époux en vue de telle ou telle convention matrimoniale, soient trompés ensuite dans leurs espérances. Ainsi, ce serait réellement modifier les conventions matrimoniales que de consentir, pendant le mariage, une séparation volontaire, et, comme conséquence une remise de la dot par le mari. Mais il ne faudrait pas conclure du principe de l'art. 1395, que les conjoints ne puissent faire entre eux des contrats, lorsque ces contrats ne portent pas atteinte au pacte matrimonial. Il est bien entendu aussi que le tiers qui fait une libéralité à l'un des époux pendant le mariage , est maître d'apporter à sa donation des conditions qui ne seraient pas en rapport avec le contrat de mariage, car ce contrat est pour lui *res inter alios acta.*

La forme authentique est de l'essence même du contrat de mariage : c'est le meilleur moyen d'empêcher les antidates du contrat de mariage, pour éviter la violation de l'art. 1394. Il ne fallait pas non plus que ce pacte de famille fût mis en question par des vérifications d'écritures, souvent conjecturales. Aussi, quand la forme authentique manque, le contrat de mariage est affecté d'une nullité radicale, et c'est en vain que les parties essaieraient de le relever par un acte notarié fait pendant le mariage. Il est bien entendu que la prescription de l'action en nullité dérivant de la violation des formes de l'art. 1314 , ne pourra pas courir pendant le mariage , car la prescription suppose un consentement tacite, et évidemment un consentement tacite ne peut rien, là où le consentement exprès serait de nulle valeur. — Dans une foule de localités , on avait admis un principe résultant d'une pratique constante, c'est qu'il n'était pas essentiel que la femme , par exemple , fût présente à son contrat de mariage , et qu'il suffisait pour sa validité que le père ou la mère se portât fort pour la future ; mais cette opinion, après avoir été déjà combattue par un assez grand nombre d'arrêts de Cours impériales, vient d'être décidément condamnée par arrêt de la Cour de Cassation du 9 janvier 1855.

La loi tient même tellement à l'immutabilité des conventions matrimoniales, qu'elle ne permet de les modifier , avant la célébration du mariage , que sous certaines conditions et avec certaines formes.

D'abord il faut que les changements soient faits dans la même forme que le projet qu'ils modifient, c'est-à-dire pardevant notaire et en présence de témoins ; mais la loi n'exige pas que ce soit devant le même notaire et en présence des mêmes témoins.

Il faut de plus que les changements soient faits en la présence et avec le consentement simultané de toutes les personnes qui avaient été parties au contrat primitif. Nous ne devons comprendre dans cette expression

3

de parties au contrat de mariage, que les personnes qui ont dû être présentes pour habiliter, par leur consentement, les époux mineurs, ou bien ceux qui, parents ou non, ont fait des donations ou promis des avantages ; mais il ne faut pas considérer comme tels, même les parents qui auront été appelés au contrat de mariage, *honoris causa*, et qui le signent par politesse, ni les ascendants des époux majeurs qui, appelés au contrat, par respect, ne font aucune libéralité et n'ont aucun consentement à donner.

Si l'une des parties refuse son adhésion au changement, ce refus entrave tout, si, par exemple, c'était un ascendant. Si c'est un donateur, l'on peut se passer de son adhésion, mais alors il faut renoncer à la donation.

Si l'une des parties est interdite ou décédée, dans le cas où c'est un ascendant, père ou mère du mineur de 21 ans, le consentement de celui qui reste suffit ; si c'est un ascendant autre que père ou mère, il sera remplacé par un ascendant du degré supérieur ou bien par le conseil de famille. Si c'est un donateur, le changement ne pourra être fait qu'à la condition de renoncer à la libéralité ou bien d'obtenir l'adhésion de ses héritiers. Il est bon de remarquer qu'il faut que le consentement de toutes les personnes, soit donné simultanément, parce que, mises en présence, elles pourront s'éclairer par leurs réflexions réciproques sur l'utilité ou le danger des changements proposés.

Il faut enfin, pour la validité des changements ou contre-lettres, qu'ils fassent corps avec le contrat de mariage, et que le tiers intéressé à le consulter, ne puisse pas ignorer l'existence de la modification qui y a été apportée. Aussi, si ces modifications ne sont pas destituées de valeur entre les parties contractantes, pourvu qu'elles soient redigées dans la forme authentique, elles ne seront valables, pour les tiers, que si elles sont placées à la suite du contrat lui-même. Enfin, la loi exige que le notaire ne délivre jamais une expédition du contrat, sans délivrer en même temps, une expédition de contre-lettre ; car autrement les tiers qui, en voyant cette expédition, se sont cru dispensés de se faire représenter la minute, ignoreraient l'existence de la contre-lettre aussi-bien que si elle n'avait pas été transcrite sur la minute. Mais dans le cas où cet oubli a eu lieu de la part du notaire, la loi ne déclare pas la contre-lettre nulle, elle se borne à rendre le notaire responsable du préjudice ; et cette responsabilité du notaire pourra, non-seulement se traduire en dommages-intérêts, mais engendrer encore des peines disciplinaires.

CHAPITRE II.

Comparaison du régime dotal et de la communauté.

Lorsque fut discuté le Code Napoléon, et qu'il fallut indiquer quelles étaient les préférences du législateur, pour tel ou tel contrat de mariage, l'embarras était grand, car l'on se trouvait en présence du régime dotal et du régime de la communauté, embrassant chacun dans leur sphère une grande partie du pays.

Fallait-il permettre aux parties d'adopter l'un ou l'autre de ces régimes? En l'absence d'un contrat de mariage, ne fallait-il point indiquer quel était le régime sous lequel les époux étaient censés mariés, comme cela se passait dans les pays de droit coutumier?

Les provinces Françaises régies par le droit écrit, et qui ne connaissaient pas la communauté légale, soutenaient le régime dotal, en montrant combien ce régime donne de sûretés à la femme, en garantissant sa dot, et en montrant qu'il ne peut pas y avoir de stimulant plus actif pour le mari que l'espérance qui lui est accordée de s'enrichir seul, sans que sa femme partage le produit de ses travaux.

Dans les pays coutumiers, Guy-Coquille faisait l'éloge de la communauté, en soutenant, que si elle avait été introduite entre gens mariés en meubles et conquêts, c'était vraisemblablement pour rendre les femmes plus soigneuses à conserver le bien de la maison, quand elles savent y avoir part et profit, et afin que, comme leur esprit et leurs corps sont conjoints par union excellente, ainsi leurs biens soient en union.

Ces voix diverses, arrivées jusqu'au Conseil d'État de tous les points de la France, se traduisaient dans ce conseil par une assez vive discussion. M. Portalis demandait qu'on n'établît aucun système de droit commun ; M. Treillard réclamait pour la communauté ; enfin, M. Maleville demandait de partager la France en deux camps, c'est-à-dire de donner pour droit commun aux ci-devant pays coutumiers, la communauté légale, et aux ci-devant pays de droit écrit, le système dotal ; cette opinion était inadmissible.

Un seul tribunal, celui de Montpellier, réclamait contre la disposition du projet de la loi, qui établissait la communauté légale. Aussi elle l'emporta ; mais on laissa pleine et entière liberté aux parties, pour modifier ce régime. Ainsi, tous les intérêts sont sauvegardés ; aucune des anciennes habitudes de la France n'a été supprimée, la vieille communauté coutumière, éminemment Française, née des entrailles mêmes du sol, a été conservée, tout en admettant dans cette communauté certaines restrictions qui l'empêchent d'être une communauté universelle, parce que le législateur a compris qu'il était bon que les époux, en se donnant la main, ne devinssent pas cependant tout-à-fait étrangers à leur famille d'origine, et qu'ils devaient dès lors garder quelque chose de la substance qu'ils en ont tirée, c'est-à-dire les biens propres qui donnent leurs fruits à la communauté, mais dont le fonds et la propriété restent à l'époux.

Mais, d'un autre côté, l'établissement de la communauté légale n'est pas jaloux et exclusif ; il est balancé et contenu par la liberté des conventions. Et qu'on ne dise pas qu'en obligeant à la rédaction d'un contrat de mariage ceux qui ne veulent pas se marier sous le régime de la communauté, la loi ait fait violence aux habitudes populaires. Dans le pays où le régime dotal est adopté avec amour, le préjugé commande la rédaction du contrat de mariage, même pour les personnes les moins aisées. Ainsi, en Normandie ou en Auvergne, les époux se mariant sans contrat de mariage, se croiraient notés d'infamie, et croiraient ainsi montrer qu'ils n'ont ni état ni famille.

Puisque les parties ont le droit de choisir le régime qu'elles veulent, la comparaison à faire entre le régime dotal et la communauté, sans perdre toute espèce d'intérêt, n'offre plus guère qu'un intérêt théorique. **Cependant il est bon d'en dire quelques mots.**

Sous le régime dotal, le bien apporté par la femme au mari, est généralement inaliénable, imprescriptible, enlevé à la circulation des biens; sous le régime de la communauté, au contraire, aucun bien n'est frappé d'une indisponibilité absolue.

Sous le régime dotal, la famille est toujours sûre d'avoir un port assuré contre la tempête, contre les dilapidations du mari ; sous le régime de la communauté, à moins que la femme n'ait des propres, le mari peut tout faire disparaître.

La femme mariée sous le régime de la communauté est intéressée à voir grandir cette communauté, parce qu'elle doit profiter de son accroissement; sous le régime dotal, elle est étrangère aux affaires de son mari, et si celui-ci s'enrichit, la femme n'en profite point.

La division d'intérêts entre le mari et la femme est tellement profonde sous le régime dotal, que lorsqu'il s'agit de diviser les fruits de la dot entr'eux pour la dernière année, l'on se livre à un calcul froidement exact, d'après lequel même les fruits naturels s'acquerront jour par jour comme les fruits civils, en proportion du temps pendant lequel a duré le mariage ; sous le régime de la communauté, au contraire, l'on se rattache, pour la division des fruits naturels, à un fait matériel bien simple, la perception.

Faut-il maintenant que nous donnions une opinion inébranlable sur le choix entre ces deux régimes ? Nous ne l'osons guère ; cependant il nous semble que les sympathies les plus naturelles doivent entraîner vers le régime de la communauté, surtout quand la réflexion amène à conclure que les avantages matériels du régime dotal ne sont pas aussi nombreux qu'on veut le dire.

Nul ne contestera d'abord que la communauté ne soit le mode d'association le mieux approprié au lien qui unit la personne des époux.

N'est-il pas bon de remarquer aussi que ce régime n'était pas connu avant le christianisme, et que la femme ne doit son adoption qu'au soin qu'à pris la religion de la relever de l'état d'infériorité où elle se trouvait antérieurement ?

Sans doute la femme, sous le régime dotal, n'est pas exposée à perdre sa fortune personnelle ; mais pour arriver à ce résultat, il faut isoler la femme des vicissitudes de la vie conjugale, il faut briser le *consortium omnis vitæ*. Or, est-ce là la pensée fondamentale du régime chrétien ?

Sous le régime dotal, il arrive quelquefois que la bonne foi soit immolée à la consécration du principe qui commande que les biens de la femme soient toujours soumis ; aussi l'on voit sous son empire surgir une foule de procès dans lesquels l'équité est vaincue par le droit strict et le crédit sacrifié à la chicane.

Le régime dotal ne voit que les maris qui se ruinent, et est essentiellement pessimiste.

Le régime de la communauté, au contraire, espère dans la sagesse de l'homme et se préoccupe davantage des bons pères de famille, que le progrès et la fortune récompensent de leur zèle.

Au point de vue économique, non plus, il ne faut pas que les partisans exclusifs du régime dotal se flattent d'avoir trouvé le meilleur système, s'ils sont obligés d'avouer qu'il est condamnable au point de vue moral.

Est-il bon, en effet, qu'une masse de biens soit enlevée à la circulation ? Que le mari ne puisse pas emprunter pour sauver quelquefois son ménage de la ruine, parce qu'il n'a pas d'autres garanties à donner que celle de la dot ? Est-il profitable et consolant de voir s'opérer tous les jours une foule de fraudes pour échapper au principe de l'inaliénabilité ?

Et les tiers qui contractent avec les époux mariés sous le régime dotal, ne doivent-ils pas trembler tous les jours que leurs acquisitions ne puissent être révoquées ? Lorsque la dot a été stipulée aliénable à la charge de remploi, quel n'est pas le danger pour l'acquéreur qui doit surveiller l'opération, répondre des causes d'éviction existant au moment de la vente, et garder peut-être son argent pendant plusieurs années sans pouvoir se libérer ?

Reconnaissons-le d'abord avec impartialité et sans imiter ceux qui se laissent entraîner par la tyrannie d'un long usage pour tel ou tel régime, sachons avouer que si le régime dotal donne la stabilité aux intérêts de la femme, il fait peser sur les tiers et sur le crédit une instabilité désas-

treuse qui le met tout à fait en dehors du mouvement des progrès écono-
miques.

Procédure Civile.

—

LIVRE II, TITRE XXI.

De la Récusation.

La récusation est une exception par laquelle une partie refuse d'avoir
pour juge un ou plusieurs des membres du tribunal saisi du procès.

Cette exception est sans contredit une des plus justes et des plus mo-
rales que renferme le Code de Procédure. Comprendrait-on en effet, que
les parties dussent être obligées de s'en remettre pour la décision de leur
procès à la conscience d'un juge qui serait intéressé directement à l'une
ou l'autre des solutions de la difficulté qu'il est appelé à résoudre? N'au-
ront-elles pas le droit de se défier d'un sentiment d'affection qui pourrait
faire dévier la raison du magistrat, en lui donnant forcément une prévention favorable à l'un des adversaires dans le procès?

Evidemment non. Mais la loi, soigneuse de céder aux justes appréhen-
sions des parties, sans pourtant rien abandonner à leurs passions aveu-
gles, et sentant d'autre part que la récusation peut influer sur d'autres
intérêts que ceux de la partie récusante, a indiqué avec soin l'énumération des causes qui peuvent donner lieu à la récusation, et a indiqué
certaines précautions, qui, sans entraver le droit de la partie qui sus-

pecte un juge, la force cependant à réfléchir et à ne pas dépasser les limites de la modération.

L'ordonnance de 1667 péchait par une formule beaucoup trop vague, en déclarant, après l'indication d'un certain nombre de causes de récusation, qu'elle n'entendait exclure aucun autre moyen de fait ou de droit pour arriver à la récusation.

L'on connaissait dans l'ancien droit une sorte de récusation dite péremptoire, et qui n'avait pas besoin d'être motivée, et s'opérait par une simple déclaration au greffe. Mais notre Code de Procédure a abrogé ce moyen dont les dangers étaient évidents.

Nous nous arrêtons à la constatation de ces principes historiques en matière de récusation, ils nous suffisent pour donner immédiatement la solution d'une question quelque peu controversée, et que l'on formule en se demandant si l'on peut admettre d'autres causes de récusation que celles qui sont énoncées dans l'article 378.

Nous croyons que puisque le Code de Procédure a pris la peine de se livrer à une énumération détaillée, et qu'il a abandonné ces errements de l'ordonnance dont la formule était vaguement générale, il faut donner à l'article 378 le caractère d'une règle taxative et non pas seulement démonstrative.

SECTION PREMIÈRE.

Quelles sont les personnes sujettes à la récusation.

D'abord il faut remarquer que la récusation pourra être proposée, non pas seulement devant les tribunaux civils, mais encore devant les tribunaux de commerce, ainsi que devant les tribunaux correctionnels et de simple police. On opposerait en vain que la loi veut, que le ministère public soit entendu en matière de récusation (art. 385), et que devant les tribunaux de commerce, il n'y a point de ministère public. On répondrait victorieusement que les déclinatoires sur incompétence, exigent les conclusions du ministère public, et que cela n'empêche pas de les opposer devant les tribunaux de commerce.

Il faudra comprendre dans les personnes sujettes à récusation les juges titulaires ou suppléants des tribunaux, les avocats ou avoués appelés à compléter le tribunal et même les magistrats du parquet, au moins lorsqu'ils ne jouent que le rôle de partie-jointe (381).

On comprend en effet que le ministère public étant partie principale, est obligé d'avoir une opinion arrêtée d'avance sur le procès, et que dès lors le récuser, ce serait vouloir lui enlever l'accomplissement d'un devoir qui lui est imposé.

Nous ne doutons pas non plus que les arbitres ne puissent être récusés pour des causes survenues après le compromis. Mais il est certain qu'il faut repousser l'opinion de Rodier, qui, sous l'empire de l'ordonnance, enseignait que les greffiers eux-mêmes pouvaient être récusés. Le président en effet aura toujours le droit de contrôler la sincérité des énonciations de l'acte rédigé par le greffier.

SECTION II.

Quelles sont les différentes causes de récusation ?

(Art. 378). Tout juge peut être récusé, ainsi que tout magistrat du ministère public :

1° S'il est parent ou allié des parties ou de l'une d'elles, jusqu'au degré de cousin issu de germain inclusivement;

2o Si la femme du juge est parente ou alliée de l'une des parties, ou si le juge est parent ou allié de la femme de l'une des parties au degré ci-dessus, lorsque la femme est vivante, ou qu'étant décédée il en existe des enfants : si elle est décédée et qu'il n'y ait point d'enfant, le beau-père, le gendre, ni le beau-frère, ne pourront être juges.

Il n'est pas douteux que le juge, parent ou allié à la fois des deux parties, pourrait être récusé, quoique le législateur n'ait pas prévu spécia-

4

lement cette hypothèse ; car elle doit être peu commune. Tout le monde est d'accord aussi pour décider que non-seulement l'adversaire du parent du juge, mais que le parent du juge lui-même peut exercer la récusation, d'abord parce que la loi n'a pas distingué dans son texte, et puis, parce que le législateur a sans doute considéré qu'il pouvait exister dans les familles certaines haines qu'il ne fallait pas obliger un parent à révéler. Peut-être même que, par un excès de délicatesse, il a craint que le juge ne conçût de la prévention contre un de ses parents, dans la crainte d'être accusé de partialité pour lui.

Mais *quid* du cas où les liens précités auraient été engendrés par la parenté naturelle ? Il nous semble, avec la Cour de Cassation, que si ces rapports sont démontrés, ils doivent produire les mêmes causes de récusation que lorsqu'il s'agit de parenté légitime.

Quand le mariage aura été dissous par le divorce, le souvenir de l'alliance ne sera une cause de récusation qu'à la condition de l'existence d'enfants encore vivants et issus de ce mariage.

3° Si le juge, sa femme, leurs ascendants ou descendants ou alliés dans la même ligne ont un différend sur pareille question que celle dont il s'agit entre les parties. — La raison de cette cause de récusation est bien facile à comprendre ; il ne faut pas que le juge puisse être entraîné à décider la question dans le sens conforme à ses prétentions ou à celle de ses parents, pour créer un précédent favorable, et son énonciation suffit pour montrer que cette cause de récusation est purement relative.

Mais l'on peut se séparer sur le sens du mot *différend*. Exprime-t-il l'idée d'un procès actuellement né et existant ou bien d'un procès futur ? La dernière solution nous paraît plus vraie, parce que le mot de différend est plus large que celui de procès, qui seul suppose une contestation actuelle et en exercice, et puis, parce que dans le paragraphe suivant de l'art. 378, le législateur s'est servi de l'expression *procès*, en l'opposant pour ainsi dire à celle de différend.

Quand la loi parle de *pareilles questions*, il ne faudrait pas croire que la question à juger dût être absolument la même, dans tous ses points de fait ou de droit ; mais nous croyons qu'il sera permis d'ajouter un peu aux dispositions de la loi, en indiquant la preuve testimoniale comme moyen de démontrer l'existence du différend.

4° Si l'une des personnes indiquées dans le numéro précédent a un procès en son nom devant un tribunal où une des parties sera juge, ou si elle est créancière ou débitrice des parties. — Il est inutile d'insister pour montrer quel sera l'intérêt du juge à ménager l'une des parties dont l'adversaire seul pourra dès lors se plaindre.

Ne faut-il pas cependant se demander si la qualité de créance ou de dette à terme ou conditionnelle ne doit pas être prise en considération ? Nous croyons que les modalités dans les rapports d'intérêts ne devront pas empêcher la juste défiance des plaideurs.

5° Si dans les cinq ans qui ont précédé la récusation, il y a eu procès criminel entre quelqu'une des personnes désignées dans le n° 3 et l'une des parties, ou son conjoint ou ses parents ou alliés en ligne directe.

L'expression de procès criminel doit être interprétée par opposition à celle de procès civil, et par conséquent elle peut comprendre même les procès de simple police, qui entraînent quelquefois des haines aussi violentes que les procès au grand criminel.

6° S'il y a procès civil entre les personnes indiquées dans le n° 3 et l'une des parties, ou s'il est terminé, qu'il l'ait été seulement dans les six mois précédent la récusation.

Faut-il que le procès soit né avant celui qui doit-être apprécié par le juge que l'on veut récuser, ou bien suffirait-il qu'il ait pris naissance après ? Evidemment si le procès est né depuis l'instance, il faut que le juge soit demandeur pour que l'on puisse se récuser ; autrement une partie intenterait un procès au juge qui lui déplairait, uniquement pour se procurer une cause de récusation.

7° Si le juge est tuteur, subrogé-tuteur, ou curateur. héritier présomptif ou donataire, maître ou commensal de l'une des parties ; s'il est administrateur de quelque établissement, société ou direction partie dans la cause ; si l'une des parties est sa présomptive héritière (Rapprochez art. 379).

Faut-il comprendre dans l'expression de maître, les propriétaires à l'égard des fermiers ou de leurs colons ? Sans rechercher péniblement s'il faut interpréter l'article 378 du Code de Procédure, par les articles 1781 du Code Napoléon ou tous autres, il nous semble que la dépendance entre le propriétaire et le fermier, est assez grande pour que le juge puisse être soupçonné.

Il n'est pas facile de bien déterminer le sens du mot commensal ; mais il est présumable qu'il doit indiquer le juge qui vit à la table du plaideur.

L'expression de curateur doit comprendre le conseil judiciaire ; mais il ne nous paraît pas possible d'étendre au juge donateur la cause de récusation appliquée au juge donataire. Est-ce que le donateur, en effet, n'est pas tout à fait indépendant de son donataire ?

8o Si le juge a donné conseil, plaidé ou écrit sur le différend ; s'il en a précédemment connu comme juge ou comme arbitre ; s'il a recommandé, sollicité ou fourni aux frais du procès ; s'il a déposé comme témoin ; si depuis le commencement du procès il a bu ou mangé avec l'une ou l'autre des parties, dans leur maison, ou reçu d'elles des présents.

On ne pourra pas dire que le juge a déjà connu de l'affaire s'il n'en a connu que pour se déclarer incompétent ; on ne pourrait pas dire non plus qu'il ait écrit sur le différend s'il avait traité , dans un ouvrage quelconque, des questions de droit que présente le procès. Il en sera de même si le juge a manifesté son opinion extrajudiciairement, notamment sous la forme d'une simple conversation.

Enfin, on ne pourra voir dans la réunion du juge et des parties à la même table, une véritable cause de récusation, qu'à la condition que la partie ait défrayé le juge.

9o S'il y a inimitié capitale entre le juge et l'une des parties ; s'il y a eu de sa part agression , injure ou menace , verbalement ou par écrit , depuis l'instance ou dans les six mois précédant la récusation.

Cette expression d'inimitié capitale est difficile à définir ; aussi, en vue de cette difficulté, les parties qui voudront récuser pour ce moyen, devront alléguer des faits bien caractéristiques et bien clairs.

Suffira-t-il à une partie de récuser un juge qu'elle aurait elle-même injurié, attaqué ou menacé ? Il nous paraît difficile de le croire ; mais nous

serions bien assez disposé à admettre, que quand même un procès serait
terminé depuis un temps assez long pour ne point permettre de s'en servir comme une cause spéciale de récusation, son souvenir pourrait suffire
pour engendrer et caractériser la véritable inimitié.

Section III.

Procédure relative à la récusation.

Procédure en première instance. — (Art. 380). Tout juge qui aura cause
de récusation en sa personne, sera tenu de la déclarer à la Chambre, qui
décidera s'il doit s'abstenir. Mais, comme cette décision est rendue en
dehors des parties, elle ne peut ni leur servir, ni leur nuire. Aussi, ne
pourront-elles pas en faire appel, puisque d'ailleurs, elle ne leur est pas
notifiée. Du reste, on est d'accord pour décider même que si la Chambre
est d'avis que le juge doive s'abstenir et que le juge s'y soumette, il est
inutile de rédiger ni jugement, ni procès-verbal sur ce point.

Ce qui prouve d'autant mieux la vérité des propositions que nous venons d'énoncer, c'est que la Chambre du tribunal, pour donner son opinion sur l'abstention de l'un de ses membres, n'a pas besoin, à part lui,
d'être en nombre suffisant pour juger.

(382). Quand le juge ne songe pas lui-même à se déporter, et que
c'est la partie qui demande la récusation, elle devra le faire avant le
commencement de la plaidoirie, c'est-à-dire avant que les conclusions
aient été contradictoirement prises à l'audience, et si l'affaire est en
rapport, avant que l'instruction soit achevée ou que les délais soient
expirés, à moins que les causes de la récusation ne soient survenues
postérieurement.

Il est donc bien certain que la récusation d'un juge de tribunal de première instance n'est pas admissible à l'appel, ni celle d'un magistrat de
Cour en Cassation; mais l'on peut cependant se poser quelques questions
sur l'application de l'art. 382.

Pourra-t-on notamment récuser un juge après les époques déterminées par cet article, pour des causes qui ne sont pas survenues sans doute après ces délais, mais dont la connaissance n'est cependant survenue à la partie qu'après ce délai ? Nous adopterions volontiers l'affirmative ; car enfin, de bonne foi, est-ce que le fait ignoré d'une partie n'est pas pour elle comme s'il n'était pas, et pourrait-on lui faire un grief de n'avoir pas récusé par exemple un juge donataire avant le délai précité, et dont la donation n'aurait été publiée que plus tard par la transcription ?

L'on s'est demandé aussi si le juge peut, en tout état de cause, faire la déclaration prescrite par l'art. 380 ; nous croyons que ce serait être bien rigoureux que de lui refuser cette faculté.

Est-on recevable à récuser un juge quand on plaide sur le fond du procès, si on a omis de le récuser lors d'un préparatoire ou d'un interlocutoire ? Nous ne le pensons pas ; car la logique nous paraît décider que quand on accepte un juge, on est censé l'accepter pour toute la cause.

(Art. 383). La récusation contre le juge commis aux descentes, enquêtes et autres opérations, ne pourra être proposée que dans les trois jours qui courront : 1o si le jugement est contradictoire, du jour du jugement ; 2o si le jugement est par défaut et qu'il n'y ait pas d'opposition, du jour de l'expiration de la huitaine de l'opposition ; 3o si le jugement a été rendu par défaut et qu'il y ait eu opposition, du jour du débouté d'opposition, même par défaut. Cet article ne distingue nullement entre les jugements par défaut rendus faute de constitution d'avoué et ceux rendus faute de plaider ; mais il nous semble que le délai de trois jours, après un jugement faute de comparaître, ne doit courir qu'à dater du jour où l'opposition n'est plus recevable, c'est-à-dire du jour de son exécution, puisque c'est alors seulement que la partie est présumée avoir connaissance du jugement.

Quand le juge-commissaire n'a pas été pris parmi les membres du tribunal saisi de la contestation, c'est le tribunal dont il fait partie qui doit être juge de la récusation. L'art. 386 le suppose, en disant que le juge récusé doit faire sa déclaration au greffe à la suite de la minute de l'acte de récusation, qui doit avoir été faite au greffe du tribunal auquel appartient le juge. Et ce qui achève même de nous confirmer dans cette opinion, c'est qu'une cour d'appel notamment peut commettre un juge inférieur et que, la récusation de ce juge devant être jugée par elle, on ne saurait plus où porter l'appel que l'art. 376 autorise.

Si le jugement contradictoire qui commet le juge est sujet à appel, c'est toujours à partir de la prononciation du jugement que courra le délai de la récusation ; il sera alors prudent de former provisoirement la récusation, tout en faisant, par précaution, des réserves d'appeler au fond.

(Art. 384). La récusation sera proposée par un acte au greffe, qui en contiendra les moyens et sera signé de la partie ou du fondé de sa procuration authentique et spéciale, laquelle sera annexée à l'acte. La récusation serait nulle si elle était faite par exploit ou verbalement.

Sur l'expédition de l'acte de récusation remise dans les vingt-quatre heures par le greffier au président du tribunal, il sera, sur le rapport du président et les conclusions du ministère public, rendu jugement qui, si la récusation est admissible, ordonne la communication au juge récusé pour s'expliquer en termes précis sur le fondement de la récusation, et de plus, sa communication au ministère public, et enfin, indiquera le jour où le rapport sera fait par l'un des juges nommés par ledit jugement.

L'instruction sur cet incident doit être publique et il est bien évident que le juge récusé ne peut y prendre part. Aussi, si par cette abstention le tribunal n'est pas complet, il faudra le compléter.

Il n'est pas nécessaire que l'acte de récusation ni aucun des actes ultérieurs soient signifiés à l'adversaire du récusant, puisque la loi ne l'exige point.

Si la récusation n'est pas écartée comme tardive ou irrégulière, ou formée hors des cas prévus par la loi, le juge récusé doit faire sa déclaration au greffe, à la suite de la minute de l'acte de récusation, afin que, soit en avouant soit en contestant, il donne au tribunal tous les renseignements qui pourront le mettre à même de statuer avec connaissance de cause.

(Art. 387). A compter du jour du jugement qui ordonnera la communication, tous jugement et opérations seront suspendus, à moins qu'on ne soutienne qu'il y a urgence; auquel cas l'incident sera porté à l'audience sur un simple acte, et le tribunal pourra ordonner qu'il sera procédé par un autre juge. L'on comprend la raison de cette disposition. Un juge récusé est réellement frappé d'incapacité, et les actes qu'il ferait, nonobstant la récusation, seraient également frappés de nullité..

Le tribunal jouit d'un véritable pouvoir discrétionnaire pour examiner les preuves du fondement de la récusation; il peut la rejeter immédiatement ou ordonner la preuve testimoniale, qui se fera du reste en dehors des formes ordinaires des enquêtes, puisqu'il n'y a pas réellement ici de procès entre les deux parties.

Celui dont la récusation est déclarée non admissible ou non recevable, doit être condamné à telle amende qui plait au tribunal, laquelle ne peut être moindre de 100 fr., sans préjudice de l'action civile du juge. (Article 396). Mais il faut étendre cette disposition au cas où la récusation est repoussée, parce que la preuve des faits allégués n'a pas été rapportée.

Quant au juge récusé, il pourra être condamné aux dépens s'il a dénié les faits.

Procédure de la récusation en appel. — Les jugements qui statuent sur les récusations ne sont jamais considérés comme jugements par défaut, parce que, pendant toute la durée de l'incident, l'acte de récusation fait l'office de conclusion contradictoire. L'appel est donc le seul moyen de recours possible.

(Art. 391). Tout jugement sur récusation, même dans les matières où le tribunal de première instance juge en dernier ressort, est susceptible d'appel. Mais l'on doit admettre que l'adversaire des récusants doit être sans intérêt pour appeler du jugement rendu sur récusation.

Tout juge récusé ne paraît pouvoir appeler que dans le cas où l'on a accueilli des causes de récusation de nature à porter atteinte à son honneur, mais il doit continuer à s'abstenir tant que l'appel n'est pas jugé, et l'on pourrait aller jusqu'à annuler les jugements auxquels aurait participé le juge récusé, quand même, sur l'appel, la récusation serait en définitive jugée mal fondée.

La loi a pensé qu'il y avait intérêt à juger rapidement les procès sur récusation. Aussi c'est dans le délai de cinq jours qu'il faut appeler, par une acte au greffe, à partir du jour de la prononciation du jugement (392). Aussi est-ce dans les trois jours que le greffier doit envoyer toutes les pièces à la Cour, et c'est dans les trois jours de cette remise que la Cour doit décider (393-394).

L'appel du jugement rendu sur la récusation est suspensif ; mais ce caractère suspensif n'est pas indéfini. La loi n'a pas voulu que cette suspension dégénérât en abus, et elle a décidé que si dans le mois, à partir du jugement de première instance, l'appelant n'avait pas fait signifier l'arrêt définitif de la Cour d'appel, ou du moins un certificat du greffier de cette Cour constatant que l'appel n'est pas encore jugé, et désignant le jour où il doit l'être, le jugement de la récusation sera exécuté provisoirement et que toutes les procédures faites ou les jugements rendus en exécution de cette récusation seront valables, encore que sur l'appel la récusation fût admise (396).

Droit Criminel.

Dans quels cas des faits qualifiés crimes, ne sont punissables que de peines correctionnelles.

L'on connait la division fondamentale des fautes punissables admise par notre Code Pénal et que l'art. 1er nous révèle, en appréciant les diverses fautes par les diverses peines que le législateur leur inflige.

Il semblerait donc, d'après cette théorie, qu'une faute ne pourra jamais être réputée crime qu'à la condition d'être punie de peine criminelle ; cependant, il arrive quelquefois que le fait criminel conserve sa qualification de crime, sans que le législateur lui applique la peine criminelle. C'est qu'alors la loi a voulu excuser la faute commise, soit à raison de la position de la personne coupable, soit à raison des circonstances dans lesquelles s'est produite son action.

Il ne faut pas confondre les excuses avec les circonstances atténuantes. Les premières sont écrites dans la loi, et sont déterminées par des circonstances précises ; les autres, au contraire, peuvent reposer sur des faits infiniment variés que la loi n'indique pas, et que le juge même qui prononce sur leur existence, n'a pas besoin d'indiquer.

Les excuses se divisent en deux catégories : les excuses générales et les excuses spéciales. Les excuses générales s'appliquent à toute espèce d'infraction à la loi, mais elles ne peuvent être invoquées que par des personnes se trouvant dans des situations particulières.

Ces excuses sont au nombre de trois : celle résultant de la faiblesse de l'âge quand le mineur n'a pas seize ans ; celle de la démence ; et enfin celle de la contrainte morale ou physique. Mais comme les deux dernières ont pour but d'innocenter complétement ceux qui ont agi sous l'empire de cette pression, et que nous avons au contraire à indiquer les cas dans lesquels la faute ne disparaît pas tout-à-fait , mais n'est atteinte que de peine correctionnelle, quoiqu'elle demeure qualifiée crime, nous ne dirons quelques mots que de l'excuse de l'âge qui produit en effet les conséquences que nous indiquons.

(Art. 68 C. P.). L'individu, âgé de moins de seize ans, qui sera convaincu d'avoir agi avec discernement, sera, s'il encourt la peine de mort, les travaux forcés à perpétuité, la déportation, applicables, on le sait, seulement à des crimes , condamné à la peine de dix à vingt ans d'emprisonnement dans une maison de correction. —S'il a encouru aussi, pour la perpétration de crimes, la peine des travaux forcés à temps, de la détention ou de la réclusion, il sera condamné à être enfermé dans une maison de correction , pour un temps égal au tiers au moins et à la moitié au plus de celui pour lequel il aurait pu être condamné à l'une de ces deux peines.

Les excuses spéciales sont celles qui s'appliquent à quelques faits particuliers, mais qui peuvent être invoquées aussi par toutes personnes.

Nous allons indiquer les principales :

1o Ceux qui sont coupables de sédition et qui marchent en commun pour envahir les domaines , villes ou forteresses de l'Etat, peuvent être punis de mort , quand ils ont exercé un commandement (96). Mais quant à ceux qui auront marché sous leurs ordres , s'ils se sont retirés au premier avertissement des autorités civiles, ils pourront être acquittés, mais ils pourront être renvoyés aussi sous la surveillance de la haute police , pour cinq ans au moins et dix ans au plus (100).

2o Les personnes coupables du crime de fausse monnaie seront exempts de peine , si avant la consommation de ces crimes et avant toutes poursuites , elles en ont donné connaissance et révélé les auteurs aux autorités constituées, ou si même après les poursuites commencées , elles ont procuré l'arrestation des autres coupables; mais elles pourront néanmoins subir comme dans le premier cas que nous venons d'indiquer , la peine de la surveillance de la haute police (138).

3o Les meurtres ainsi que les blessures et les coups qui peuvent être punis de peines criminelles, seront excusables s'ils ont été provoqués par des coups ou violences graves. Et alors, si le fait d'excuse est prouvé, la peine de la mort ou des travaux forcés à perpétuité ou celle de la déportation, seront transformées en un emprisonnement d'un an à cinq ans. Si la peine devait être celle des travaux forcés à temps ou de la réclusion, la peine sera réduite à un emprisonnement de six mois à deux ans. (321 — 326).

4o Les crimes mentionnés plus haut sont pareillement excusables et dès-lors atteints par la même atténuation de peine s'ils ont été commis en repoussant pendant le jour l'escalade ou effraction des clôtures, murs, entrées d'une maison ou d'un appartement habité, ou de leurs dépendances.

5o La même excuse existera si le meurtre a été commis par l'époux sur l'épouse ainsi que sur le complice, à l'instant où il les surprend en flagrant délit dans la maison conjugale. (324).

6o Il en faut dire autant pour le crime de castration, s'il a été immédiatement provoqué par un outrage violent à la pudeur ; on le considèrera comme meurtre ou blessure excusable. (325).

Nous arrêtons là notre énumération, laissant à dessein, car ils ne rentrent pas dans notre question, les cas de légitime défense où l'incrimination disparaît tout-à-fait, et ceux dans lesquels l'atténuation s'applique aux simples délits.

Cette Thèse sera soutenue, en séance publique, dans une des salles de la Faculté.

Vu par le Président de la Thèse,

CHAUVEAU-ADOLPHE.

Toulouse, Imprimerie Troyes OUVRIERS REUNIS, rue Saint-Pantaléon, 5.

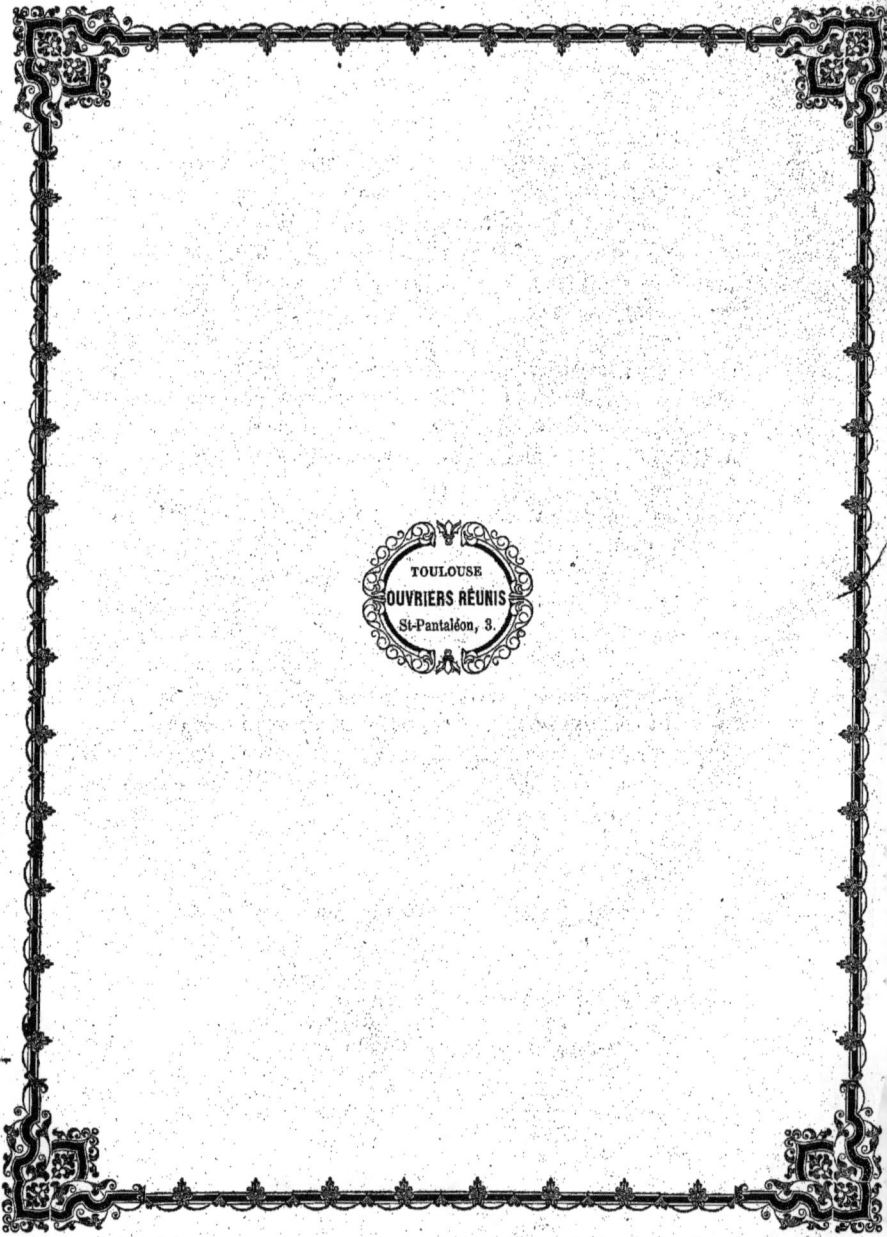

TOULOUSE
OUVRIERS RÉUNIS
St-Pantaléon, 3.